AF357099

LINUS, TRAGÉDIE.

ACTE PREMIER.

Le théâtre repréſente, ſur les devants, un payſage agréable & , dans le fond , l'Hélicon , ſur le ſommet duquel on voit l'exterieur du temple d'Apollon, environné de lauriers.

SCÊNE PREMIÈRE.

CLÉONICE, ARGÉNIS.

ARGENIS.

A Combler vos vœux tout conſpire ;
Vous voyés ſous vos loix des peuples for-
tunés :
Ces rois que, ſur vos pas, l'Amour tient en-
chaînés ,
Vous forment un nouvel empire.

A

Vous pouvés , au gré de vos vœux ,
Du mortel, qui faura vous plaire ,
Faire un amant heureux ,
Un roi gloríeux :
Toute la puiffance des dieux
N'a point de plus beaux dons à faire.

C L É O N I C E.

Que ne puis-je , hélas ! en ce jour
Céder , fans crainte , à la voix de l'Amour !

A R G É N I S.

Quoi, celle de la gloire eft-elle fi puiffante?..

C L É O N I C E.

Ah ! fur le héros qui m'enchante
Et la gloire & l'amour arrêtent mes regards.
C'eft le fils du Soleil, c'eft l'inventeur des
arts :
Il tient , dans fa main trïomphante ,
La lire d'Apollon & le glaíve de Mars.

A R G É N I S.

Je reconnois Linus.

CLÉONICE.

Connois toute mon âme.
Avant que ce héros eût sauvé nos remparts,
J'avois lu dans ses yeux le secret de sa flâme,
Et sur Linus l'Amour avoit fixé mon choix.

Aux dons brillants de l'harmonie
Il unit la plus tendre voix :
Par ses accents l'âme ravie
Se laîſſe enchaîner sous ses loix ;
Il fait toucher jusqu'aux monſtres des bois :
Lui seul m'a conſervé la couronne & la vie ;
Pourrois-je en sa faveur n'être pas attendrie ?

ARGÉNIS.

Eh, pourquoi votre amour n'ôſe-t il éclater ?
L'orgueil de tous ces rois doit-il vous arrêter ?

CLÉONICE.

Non : mais de Théano je crains l'art redou-
  table.
Elle aſſervit l'univers à ſes loix ;
L'enfer même, l'enfer obéit à sa voix.
  A ſes yeux Linus eſt aimable ;
Si j'allois l'expôſer aux traits de sa fureur !..
Laîſſe-moi : j'ai besoin de conſulter mon
  cœur.   A ij

SCÊNE DEUXIÈME.

C L É O N I C E , *seule.*

To1, qui l'as embrâfé de l'ardeur la plus
 tendre,
Amour, que ton flambeau brille pour l'é-
 clairer !
  Tu le vois prêt à s'égarer ;
Permèts que la raifon s'y faffe feule entendre,
  Ou viens au-moins le raffûrer.

SCÊNE TROISIÈME.

CLÉONICE, LINUS.

LINUS.

A Mon pere en ces lieux j'offre un conf-
tant hommage :
Mais, lorfque j'y vois vos beaux yeux,
Je fens qu'il n'a plus tous mes vœux,
Et que mon âme fe partage.

CLÉONICE.

La paix dans ces climats,
Par vos heureux efforts , vient d'être ré-
tablie ;
Votre reine, Linus , à vous feul fe confie.
Je vais donner ma main & mes états ;
Ce jour décidera du refte de ma vie :
Mon cœur n'en veut croire que vous ;
Fixés , dictés mon choix , & nommés mon
époux.

       LINUS,

LINUS.

(*à part.*)   (*à* CLÉONICE.)

Dieux, quel eſt ce diſcours !.. C'eſt trop
    payer mon zele.

C'eſt à l'Amour ſeul de donner
    Une victoire ſi belle :
    Puiſſe-t-il ne couronner
    Que l'amant le plus fidele !

CLÉONICE.

Je donne donc ma voix au plus parfait amant.
    Mais, parmi ces rois que j'engage,
Parlés, qui vous paroît aimer plus tendre-
    ment ?

LINUS.

Ah ! l'Amour à vos piés offriroit ſon hom-
    mage,
Je trouverois encor qu'il aime foiblement.

Si la plus vive ardeur vous fait ſeule connoître
    L'amant qui doit vous enflâmer,

Il n'en eſt qu'un qu'Amour puiſſe
    nommer ;
Il eſt le ſeul qui ſache aimer
Comme vous mérités de l'être.

CLÉONICE.

Linus, que dites-vous ?

LINUS.

                A mes ſoins amoureux
Avés-vous donc pu vous méprendre ?
Tout vous parloit de l'amour le plus
    tendre ;
Il embrâſoit mon cœur, il brilloit dans mes
    yeux ;
C'eſt lui qui, ſur vos pas, me guidoit en
    tous lieux :
        Il trembloit de ſe faire entendre ;
Mais de ſecrèts ſoûpirs vous exprimoient ſes
    vœux
Et, juſqu'à mes efforts pour vous cacher
    mes feux,
    Tout auroit dû vous les apprendre.

   L I N U S,

CLÉONICE.

Dieux! quel trouble m'agite?..

LINUS.

Eh, que redou-
tés-vous?

CLÉONICE.

La sœur de Gélanor ; son art, cet art terrible
Qui peut servir son cœur jaloux.

LINUS.

Ah ! pour l'heureux Linus si le vôtre est
sensible,
De Théano bravés le vain couroux :
Plus puissant que l'enfer, l'Amour sera pour
nous.

CLÉONICE.

Linus, vous m'enchantés !.. je le répete encore,
Dictés mon choix, & nommés mon
époux.

LINUS.

LINUS, se jettant à ses genoux.

Ah ! vous comblés les vœux d'un cœur qui
vous adore.

ENSEMBLE.

Si vous m'aimés
Autant que je vous aime,
Par les vœux que vous formés
Jugés de ma tendresse extreme :
Lisés vous-même
Dans mes yeux enflâmés
Si vous m'aimés
Autant que je vous aime.

LINUS.

Vous, que ma voix rassemble en ce
séjour,
Et qui vous plaisés sur mes traces,
Venés, enfants des arts ; célébrés ce beau
jour :
Que vos chants & vos jeux, embellis par
les grâces,
Soient l'image de mon amour.

B

SCÊNE QUATRIÈME.

CLÉONICE, LINUS, Jeunesse Thébaine *confacrée à* Appollon.

(La Jeunesse Thébaine *arrive en danfant :
elle forme, des differents attributs des beaux
arts, un trophée qu'elle va dépofer aux piés
de* Cléonige.)

LINUS & *le* CHŒUR, *alternativement
& enfemble.*

Le dieu des arts, pour nous inf-
    truire,
Defcend quelques fois parmi nous ;
Mais nos concerts fon bien plus
    doux
Quand notre reine les infpire :
Lorfque nous chantons devant vous,
L'Amour accorde notre lire.

(La fête continue.)

LINUS.

Au dieu des cœurs élevons des autels.
Des jours les plus rïants il fait notre partage:
Seul il a l'heureux avantage
De regner à-jamais fur les cœurs des mortels.

La beauté fait chérir fes flâmes ;
De fes feux il fait l'embellir :
Elle règne par le plaifir ,
Par fes attraits il règne fur les âmes.

(*La fête continue , & eft interrompue par
une fimphonie bruyante.*)

CLÉONICE.

Dans ces paifibles lieux qui vient femer
l'effroi ?

SCÈNE CINQUIÈME.

Les ACTEURS *de la scêne précédente,*
GÉLANOR, THRACES *de sa suite.*

GÉLANOR.

CE peuple, frivole & volage,
Par d'inutiles jeux croit-il prouver sa foi ?
Reine, recevés un hommage,
Plus digne de vous & de moi.

Éclatés, bruyantes trompettes,
Résonnés, remplissés les airs ;
Étouffés les foibles concerts
Qui font retentir ces retraites.

C H Œ U R *de thraces.*

Éclatés, bruyantes trompettes,
Résonnés, remplissés les airs ; &c.

(*Les* THRACES *forment des jeux guerriers
avec la massue, &c.*)

GÉLANOR.

(aux Thraces.) (à CLÉONICE.)

Il fuffit. C'eft ce peuple , enfant de la
victoire.
Que je veux foûmettre à vos loix :
Songés à ma puiffance, à ma flâme, à ma
gloire,
Et fixés enfin votre choix.

CLÉONICE.

Apprenés que ce choix doit paroître une
grâce.
Je le déclarerai, peut-être , dès ce jour.
Vous ignorés comment parle l'amour ;
Et moi, je ne fais point excufer tant d'au-
dace.

GÉLANOR.

Je vous entends : tremblés pour mon
rival !
Il gémira bientôt d'avoir trop fu vous plaire :
Votre cœur eft un don fatal ,
Qui lui coûtera la lumière.

L I N U S.

Quel qu'il foit, ce rival, ce fer eft fon appui.
D'un murmure indifcret étouffés l'injuftice :
Vous pourriés, fous vos pas, trouver le
    précipice
Que vous croiriés ouvrir pour lui.

G É L A N O R.

Eh bien, je vous dévoue enfemble
A la honte, à la mort, partage des vaincus.
Mortel audacïeux, penfes-tu que je tremble,
Pour avoir à domter un ennemi de plus ?

(*Il fort, fuivi des Thraces.*)

SCÊNE SIXIÈME.

LINUS, CLÉONICE, Thébains;

CLÉONICE.

Linus, c'eſt en vous que j'eſpere ;
Linus de cet empire eſt le dieu tutélaire.

LINUS.

Je veillerai ſur tous ſes pas ;
Reine, raſſûrés-vous : vous verrés ſa colere
Ne s'exhaler qu'en impuiſſants éclats.

CLÉONICE.

Pour aſſûrer votre conquête,
Dès ce jour, du plus beau lïen
A mon peuple annonçons la fête.
A la troubler ſi Gélanor s'apprête,
Sûre de votre appui, je ne redoute rien.

LE CHŒUR.

Célébrons tous une fête si belle ;
Par de nouveaux efforts signalons notre
zele.

FIN DU PREMIER ACTE.

ACTE

ACTE SECOND.

*Le thé*â*tre repréfente un fallon du palais de la reine, préparé pour une fête : on voit, en plufieurs endroits, les chiffres de* CLÉONICE *& de* LINUS *couronnés & entourés de fleurs.*

SCÊNE PREMIÈRE.

GÉLANOR, THÉANO.

GÉLANOR.

MA fœur, de vains foûpirs ne peuvent
  foulager
 Vos douleurs & mon infortune :
Vous adoriés Linus, notre injure eft com-
  mune ;
 Uniffons-nous, pour nous venger.

C

THÉANO.

Une flâme fatale
Règne fur mes fens éperdus ;
Mais mon dépit jaloux l'égale :
Sans ma haîne pour ma rivale,
Je croirois que je n'aime plus.

GÉLANOR.

Regardés ces apprèts d'une fête funefte ;
Ces chiffres, couronnés de fleurs ;
Ces noms entrelâffés, ces fimboles flateurs,
Gages d'un feu que je détefte !

L'Amour ne m'avoit point appris
Ces frivoles douceurs d'une vaine tendreffe ;
Cependant leur afpect me bleffe :
Je commence à fentir leur prix
Par le trouble affreux qui me prèffe.

GÉLANOR & THÉANO.

Brîfons ces nœuds ;
Portons dans ces lieux
Le fer & la flâme :
Portons dans ces lieux
Le défefpoir affreux
Qui règne dans notre âme.

GÉLANOR.

J’ai, dès longtems, féduit par mes
  bienfaits
Des fujèts de la reine une troupe indocile;
De mes guerriers l’élite eft dans la ville,
  Je puis furprendre le palais …
Je ferois, fans Linus, affûré du fuccès !

THÉANO.

Je rendrai, par mon art, fa valeur inutile;
J’armerai les enfers pour fervir vos projèts.

  Tremble, rivale trop aimable !
  Frémis, ingrat, frémis de mes tranfports!
  Sur une reine, à mes yeux trop coupable,
Je veux de mon pouvoir déployer les efforts;
  Je veux que ma haîne implacable
  Lui faffe éprouver en ce jour
Des tourments plus cruëls que les maux,
  dont l’Amour
  Empoifonna mon deftin déplorable.
(On entend un courte fimphonie.)
GÉLANOR.

Le peuple vient. De nos deffeins fecrèts
Allons, loin de ces lieux, concerter le
  fuccès.   C ij

SCÊNE DEUXIÈME.

CLÉONICE, LINUS, le GRAND-
PRÊTRE *de l'*Himen, Prêtres,
Prêtresses , Peuples Thébains.

LE *CHŒUR.*

Que votre couronne est brillante !
C'est l'Amour qui vous la présente,
Et la gloire a dicté son choix :
Montés au trône de nos rois.

CLÉONICE.

Voyés la publique allegresse ;
   Elle ajoûte à mon bonheur :
   Elle mêle à ma tendresse
   Le charme le plus flateur :
L'Amour s'applaudit dans mon cœur
Des hommages qu'on vous adresse.

LE *CHŒUR.*

Que votre couronne , &c.
(On danse.)

LE GRAND-PRÊTRE.

L'Amour vole dans ce féjour,
Pour y contempler fa conquête :
Quel fort charmant il nous apprête !
Vénus-même y conduit fa cour.
Avec les Jeux, d'un fi beau jour
Les Grâces célèbrent la fête ;
Et Cipris couronne leur tête
Des plus doux mirthes de l'Amour.
(On danfe.)

LE GRAND-PRÊTRE, *feul*
& alternativement avec LE CHŒUR.

Règne, Amour ! confacre à ta gloire
Tous les moments d'un jour fi beau :
L'Himen n'allume fon flambeau
Que pour éclairer ta victoire.

Himen, fi tu veux en ce jour
Former des nœuds pleins de charmes,
De l'Amour emprunte les armes,
Prête ta conftance à l'Amour.

Règne, Amour ! confacre à ta gloire, &c.   (On danfe.)

LE GRAND-PRÊTRE.

Venés, &, par d'auguftes nœuds,
Confacrés des ardeurs fi belles :
Que les dieux foient témoins & garents de
vos feux ;
Que le ferment d'être fideles
Vous faffe un devoir d'être heureux.

*(Le ciel s'obfcurcit, la terre tremble ; on
entend un bruit fouterrein, qui fe mêle
au bruit du tonnerre.)*

LE CHŒUR.

Quel affreux orage
A troublé les airs !
Un épaîs nüage
Couvre l'univers !

*(Un nuage fombre & enflâmé, conduit par
des démons, envelope LINUS & l'enleve.)*

CLÉONICE.

Linus !.. O ciel !.. quel dieu, qu'elle in-
     juste puissance
Me ravit le seul bien qui fesoit mon bon-
     heur ?...
O toi, qui que tu sois, qui déchires mon
     cœur,
Ne lances que sur moi les traits de ta ven-
     geance ;
     Je te pardonne ta fureur.

   (On entend un bruit de guerre & le cliquetis
      des armes.)

Mais qu'entends-je ?... quels cris !... la
     trompette guerrière
    Donne le signal des combats...
O ciel ! c'est Gélanor qui porte ici ses pas.

SCÊNE TROISIÈME.

CLÉONICE, Peuples, GÉLANOR,
Soldats *de sa suite.*

GÉLANOR, *du fond du théâtre.*

LEs ennemis vaincus ont mordu la pouf-
fière ;
J'ai brîfé la foible barrière
Qu'ils oppôfoient à l'effort de mon
bras.

(En s'approchant de CLÉONICE.*)*

Tout eft foûmis à ma puiffance ;
Oubliés un amant, qui vous perd pour ja-
mais :
C'eft en couronnant ma conf-
tance
Que vous règnerés déformais ;
Et vous n'avés plus d'efperance
Que mon amour & vos attraits.
CLÉONICE.

CLÉONICE.

Tiran ! tu peux parler en maître ;
Mais rien, dans ce funeste jour,
Ne me peut empêcher de mépriser un traî-
tre
Et de détester son amour.

GÉLANOR.

Ah ! du vôtre, à jamais, étouffés le murmure,
Ou rédoutés l'excès de ma fureur :
Pour punir vos mépris & venger mon injure,
Je saurois vous soûmettre à la loi du vainqueur.

CLÉONICE.

Qui, moi ?… quel dessein effroyable ?
Ah ! que plûtôt la mort vienne me délivrer.
C'est un dieu secourable,
Qui ne manque jamais à qui l'ôse implorer.

(Elle sort, suivie des peuples.)

D

GÉLANOR, à sa suite.

Allés, suivés ses pas : que votre vigilence
Observe ses transports, ses discours, son
    silence.
      (*La suite de GÉLANOR se retire.*)
      S E U L.

Toi, qui m'avois séduit par tes trompeurs
    attraits,
Fuis, Amour ! dans mon cœur laîsse regner
    la haîne.

    C'est d'elle seule déformais
    Que je veux emprunter les traits
    Qui pourront soulager ma peine.

Toi, qui m'avois séduit par tes trompeurs
    attraits,
Fuis, Amour ! dans mon cœur laîsse regner
    la haîne.

F I N D U S E C O N D A C T E.

ACTE TROISIÈME.

Le théâtre repréſente une forêt ſombre & âpre.
(Le nuage, qui a enlevé LINUS *vers la fin*
de l'acte précédent, deſcend dans la forêt &
diſparoît après l'y avoir apporté.)

SCÊNE PREMIÈRE.

L I N U S, *ſeul.*

OÙ ſuis-je?... quelle affreuſe nuit !..
Quelle fatale main conduiſoit ce nuage?...
    Les enfers arment-ils la rage
    De l'ennemi qui me pourſuit ?..

(Pendant le morceau ſuivant le théâtre
s'eclaire & repréſente des jardins déli-
cieux : des démons, ſous la forme de plai-
ſirs, danſent autour de L I N U S, *&*
lui préſentent des guirlandes de fleurs.)

D ij

Mais du jour le plus beau l'aurore semble
naître...
Ces sauvages forêts se courbent en ber-
ceaux...
Quel éclat!... quels concerts!... quels
prodiges nouveaux!...

(*Aux démons, transformés en plaisirs, qui
paroîssent.*)

Parlés : qui vous envoie, & quel est votre
maître ?

SCÈNE DEUXIÈME.

LINUS, Démons, *fous la forme de Plaisirs.*

LE *CHŒUR.*

L'Amour veut finir vos douleurs ;
Suivés nos pas dans fon empire :
Voyés les plaifirs enchanteurs
    Empreffés à vous conduire.
    Leurs mains vont femer de fleurs
    La route où l'on vous attire.

(On danfe.)

LINUS.

Ne vantés point l'Amour & fon pouvoir
    flateur :
Non, dans mon défefpoir extrême,
Ces chants des doux plaifirs font affreux
    pour un cœur
    Séparé de ce qu'il aime.

(On danfe.)

DEUX *P L A I S I R S*, *alternativement avec*
le C H Œ U R.

L'Amour vous apelle ;
Cédés, rendés-vous :
Quittés, pour des nœuds plus doux,
Une chaîne trop cruëlle.

La conftance eft une erreur,
Quand le plaifir fuit loin d'elle :
Le trifte honneur d'être fidele
Vaut-il un inftant de bonheur ?

(*On danfe.*)

LE C H Œ U R.

L'Amour vous apelle, *&c.*

L I N U S.
Ah ! ceffés ces chants odïeux…

(*THÉANO defcend fur un char traîné*
par des dragons ailés.)

Quel fpectacle nouveau vient étonner mes
yeux !

(*Les démons en plaif.rs difparoîffent.*)

SCÊNE TROISIÈME.

LINUS, THÉANO.

THÉANO.

Vous voyés mon pouvoir su-
prême;
Jugés quels vœux vous font offerts.
Le changement de ces deferts
Eft l'ouvrage de l'amour-même;
Et j'embellis tout l'univers,
Pour annoncer que je vous aime.

LINUS.

Dans les pleurs & dans les foûpirs,
L'Amour allume-t-il fa flâme?
L'Amour eft le dieu des plaifirs;
Le défefpoir règne en mon âme.

THÉANO.

Renonce au foûvenir d'un amour trop fatal:
Le fort s'eft déclaré pour ton heureux rival.

LINUS.

La reine auroit changé !.. non ; je ne puis le
    croire.

THÉANO.

Gélanor règne dans sa cour :
S'il fut dédaigné par l'amour,
Il est servi par la victoire :
Tout fléchit sous ses loix, tout cede à ses
    efforts.

LINUS.

Mes soldats, mes amis n'ont point trahi leur
    reine.

THÉANO.

Tes amis, effrayés , t'ont trahi, sans re-
    mords ;
Tes soldats, qu'a surpris une attaque sou-
    daine,
Sont dans les fers, ou chés les morts.

LINUS.

Ah, perfides !.. mais non ; suspendons mes
    transports :
L'artifice vous dicte une fable si vaine.

THÉANO.

THÉANO.

Je puis t'en préfenter une preuve certaine.

O toi, qu'un art puiffant foûmet à tous mes
  vœux,
Fier Génie, obéis à la voix qui t'apelle !
Viens, enleve l'efpâce, & rapproche les
  lieux ;
Du deftin des thébains qu'il foit témoin fi-
  dele :
Montre la vérité, foit flateufe, ou cruëlle ;
Que tout ce qui refpire en leurs murs mal-
  heureux
  Vive, agiffe & parle à nos yeux.

*(Le fond du théâtre s'ouvre, & laîffe voir
la place publique de Thebes :* GÉLANOR
*eft fur un trône : on voit à fes piés les
thébains enchaînés ; les thraces tien-
nent leurs chaînes d'une main, & de
l'autre le glaîve, qu'ils levent fur leurs
têtes : on apperçoit une tour dans
l'enfoncement.)*

SCÊNE QUATRIÈME.

LINUS, THÉANO, GÉLANOR,
THÉBAINS, THRACES.

THÉANO.

CETTE tour, que tu vois, renferme ton
    amante.
Connois-tu cette troupe, enchaînée & trem-
    blante ?

LINUS.

    Grands dieux !.. o ſpeĉtacle cruël !
Leurs yeux, chargés de pleurs, ſe tournent
    vers le ciel !
Le ciel n'exauce point leur prière impuiſ-
    ſante !..
Dieux, le glaîve eſt levé ſur leur tête in-
    nocente !

C H Œ U R *des Thébains.*

Linus! venés; fecourés-nous.

L I N U S.

Ils m'appellent!

L E **C H Œ U R.**

Linus! en quels lieux
êtes-vous?

L I N U S.

Ces cris, ces lamantables plaintes
Font fentir à mon cœur les plus vives at-
teintes.
Ah! je vole vers vous; n'accufés pas Linus...

(*Il fait un mouvement pour aller vers les*

Thébains; THÉANO *l'arrête avec fa*

baguette.)

Mais, par un charme affreux, mes pas font
retenus!

LINUS,

THÉANO.

Il faut lui dérober ce spectacle funeste.

(*Le fond du théâtre se referme, & les jardins reparoissent tels qu'ils étoient.*)

SCÈNE CINQUIÈME.

LINUS, THÉANO.

LINUS.

AH ! laissés-moi quiter des lieux, que je
　　détefte.
Mon peuple, mes amis, la reine va périr,
　　Cruëlle ! votre art effroyable
Enchaîne ici mon bras, prêt à les fecourir ;
　　Et vous voulés que j'aime qui m'ac-
　　　câble ?
Ah, n'attendés de moi qu'une haîne impla-
　　　cable !

THÉANO.

Tu m'outrages, ingrat !... l'amour parle pour
　　toi ;
Songe qu'il peut enfin écouter la vengeance.

LINUS.

Vas, barbare ! fuis, loin de moi :
Je ne crains rien, que ta préfence.

T H É A N O.

Je rends grâce à ta haîne, & j'en fuivrai les
    loix :
Le bandeau de l'Amour fe déchire à fa voix.

Sortés, feux infernaux, que ma fureur vous
    guide ;
Élancés-vous, volés, fur les ailes des vents.

    (*La forêt reparoît en cet inftant & dans fa
        première obfcurité.*)

Embrâfés ces forèts ; accâblés ce perfide
    Sous leurs débris étincelants.

    (*THÉANO remonte dans fon char ,&, pen-
    dant qu'il traverfe le théâtre, les dra-
    gons, qui le conduifent, vomiffent des
    feux ; la terre s'ouvre en plufieurs endroits,
    il en fort des flâmes ; la foudre tombe &
    la forêt paroît embrâfée.*)

SCÊNE SIXIÈME.

L I N U S, seul.

JE t'implore, o mon pere! en ces moments
  horribles.
Si tu rendis senfibles à mes chants
  Les rochers, les monftres terribles,
Prête encore à ma voix des charmes plus
  touchants.

Feux cruëls, flâme dévorante,
Arrêtés, fufpendés vos ravages affreux :
  Refpectés la plainte innocente
  D'un amant malheureux.

*(La flâme cèffe, peu à peu; un jour plus
  doux lui fuccede & éclaire la forêt.)*

Un dieu, fans doute, eft touché de ma
  peine :
Il commande aux enfers & fa main les enchaîne.

Dieu bienfefant ! mèts le comble à mes
    vœux :
Daigne guider mes pas vers l'objet que
    j'adore.
    La beauté, par ma voix, t'implore :
Que je la venge, au-moins, d'un tiran
    furïeux,
    Quelle détefte, & que j'abhorre :
    Ou, d'un deftin trop rigoureux,
Que la mort m'affranchiffe en ces funeftes
    lieux !

FIN DU TROISIÈME ACTE.

ACTE

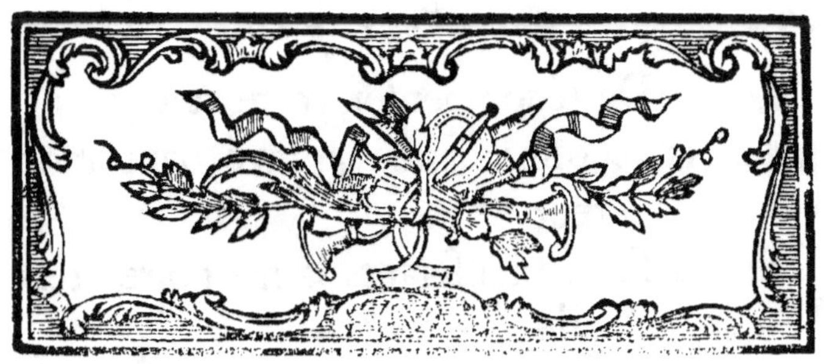

ACTE QUATIRÈME.

Le théâtre repréſente, d'un côté, un bocage agréable, au milieu duquel eſt un autel de gâſon : de l'autre côté, des rochers arides, &, dans le fond, des montagnes eſcarpées, & pleines de précipices.

SCÉNE PREMIÈRE.

CLÉONICE, THÉBAINS, de ſa ſuite & ſans armes.

CLÉONICE

Troupe, généreuſe & fidele,
Vous, qui brîſés mes fers, qui trompés la fureur
D'un ennemi barbare & d'un peuple rebelle,
Le ciel me ravit la douceur

F

De récompenfer votre zele ;
Mais la reconnoiffance a gravé dans mon
   cœur
De vos foins bienfefants la mémoire éter-
   nelle.

Que fait Linus ?.. hélas ! les enfers déchaînés
Ôfent fur lui, peut-être, exercer leur furie !..

  (*On entend une fimphonie plaintive.*)

  Mais quelle plaintive harmonie
  Vient frapper mes fens étonnés ?

SCÈNE DEUXIÈME.

CLÉONICE, Thébains, LINUS,
d'abord sans être vu.

LINUS, *derrière le théâtre & dans
l'éloignement.*

Dieux! appaisés votre rigueur extrême.

CLÉONICE.

C'est un infortuné, qui gémit comme nous.

LINUS, *plus proche, mais sans
être vu.*

Justes dieux! sauvés ce que j'aime,
Et sur moi seul épuisés tous vos coups.

CLÉONICE

Quels sons!.. quel soûvenir cette voix me
rapelle!..
Ah, ces accents sont connus à mon
cœur...
Que dis-je? rejettons une flateuse erreur:

La peine, qui la fuit, en devient plus cruëlle.
(LINUS paroît.)

Dieux, c'eſt Linus !

LINUS.

O ciel ! o moment trop
heureux !

CLÉONICE & LINUS.

Eh, quel dieu vous rend à mes vœux ?

CLÉONICE.

J'ai trompé du tiran la fureur implacable ;
Ces fideles ſujèts ont ſu brîſer mes fers.

LINUS.

¡Vous avés vu ce nüage effroyable ;
Il ma laiſſé dans ces deſerts.

CLÉONICE.

Du-moins l'obſcurité de ce ſéjour tranquille
Aux regards du tiran dérobe notre aſile.

Votre main eſſuîra mes pleurs ;
Vous ſoûtiendrés ma force chancelante ;

Au mileu des périls, des travaux, des douleurs,
L'Amour mêlera des douceurs
Que ne peut nous ravir le fort, qui nous
 tourmente.

L I N U S.

Vous enchantés, par votre amour,
Ce cœur, que pénetrent vos larmes.
Moments, pleins d'horreur & de
 charmes !
Je pâffe, tour-à-tour,
De l'excès du plaifir, au comble des allarmes.

(*On entend une fimphonie champêtre.*)

J'entends de champêtres hautbois;
J'apperçois des bergers, habitants de ces bois.

C L É O N I C E.

Dans nos malheurs prèffants, leur ruftique
 innocence
Peut nous prêter quelque affiftance.

SCÊNE TROISIÈME.

CLÉONICE, LINUS, Thébains, Bergers & Bergeres.

(*Marche de bergers & de bergeres.*)

un BERGER & *une* BERGERE.

Venés, empreſſés-vous aux autels de
    Cipris ;
De la mere d'Amour ce beau jour eſt la
    fête.
    Les bergers ſont ſes favoris ;
    Nos cœurs ſont la conquête
    La plus chere aux yeux de ſon fils.

le CHŒUR.

Nous offrons aux dieux, pour hom-
    mage,
Des vœux auſſi ſimples que nous.
Notre ſort eſt tranquille & doux :
S'il eſt un plus brillant partage,
Notre cœur n'en eſt point jaloux.

Nous offrons aux dieux, pour hommage,
Des vœux, aussi simples que nous.

(Les bergers vont, en dansant, offrir
leurs guirlandes de fleurs sur l'autel de
VÉNUS.)

   LE BERGER, seul.
Vénus, dans ce lieu solitaire,
N'attend point de riches présents :
Nos offrandes & notre encens
Sont un cœur pur, tendre & sincere.

   Avec le CHŒUR.
Vénus, dans ce lieu solitaire, &c.

SEUL, en offrant une fleur, qu'il pôse sur
   l'autel.
Mon trésor, tu le sais, Amour,
C'est cette fleur, que ma bergere
Porta sur son sein tout un jour :
Je l'offre aux autels de ta mere.

   Avec le CHŒUR.
Vénus, dans ce lieu solitaire,
N'attend point de riches présents ; &c.
   (La fête des bergers continue.)

L I N U S.

Bergers, dont l'âme, ſimple & pure,
Tient tous ſes biens des mains de la
　　　　nature,
Vous voyés deux amants, proſcrits infor-
　　　　tunés,
Dans ces deſerts à périr condamnés.

L E *B E R G E R.*

J'ai, près d'ici, ma cabane champêtre ;
Votre malheur vous en rend maître.
Je voudrois poſſeder des biens plus précïeux :
Pour la première fois, vous me faites con-
　　　　noître
Qu'il m'auroient rendu plus heureux.
Pour la première fois, vous me faites con-
　　　　noître, &c.

(*On entend une ſimphonie ſauvage.*)

C L É O N I C E.

Ciel !.. de ces ſons guerriers qui peut rem-
　　　　plir les airs ?

LE BERGER.

Ceux que vous entendés habitent ces de-
serts :
C'eſt un peuple nombreux que, dans leur
art terrible,
Ont inſtruit les fils de Vulcain.

LA BERGERE.

Le fer eſt forgé par leur main ;
Mais leur cœur eſt juſte & paiſible.

LINUS.

Dieux ! quel nouvel eſpoir vient animer
mes ſens ?

LA BERGERE, à LINUS.

Ils vont chanter Vénus ; joignés-vous à leurs
chants.

SCÊNE QUATRIÈME.

Les ACTEURS *de la ſcêne précédente,* FORGERONS, *qui deſcendent des montagnes ;* DRIADES.

UN FORGERON, *d'abord ſeul, & en-*
ſuite avec le CHŒUR *de* FORGERONS.

DRÏADES & ſilvains, nimphes de ces
       montagnes,
    Accourés, ſortés de vos bois :
Que le nom de Vénus, répété mille fois,
Faſſe au loin retentir les échos des campa-
      gnes.
    (Danſe des forgerons & des driades.)
    UN FORGERON.
    Vénus, tu m'as rendu vainqueur
      De l'objet qui m'engage :
    Eſt-il un pouvoir plus flateur ?
    Applaudis-toi de ton partage.
    J'ai connu par toi le bonheur ;
    Que mes plaiſirs ſoient mon hommage.
(Les forgerons & les driades continuent
    leurs danſes.)

LINUS.

Lorsque Vénus sortit du sein des mers,
Un seul de ses regards embellit l'univers ;
Il soûmit à ses loix le fier dieu de la guerre.
L'Amour alluma son flambeau
Dans les yeux charmants de sa mere :
Un instant lui donna l'empire de la terre ;
Et l'Amour s'applaudit d'un triomphe si
beau !

LE FORGERON.

Sa voix nous ravit, nous enchante !
Quel est l'auteur de ces tendres accents ?
Quelle est cette beauté touchante ?
Vénus vient-elle ici recevoir notre encens ?

LINUS.

C'est votre reine, hélas ! dont vous voyés
les larmes.

CLÉONICE.

Connnoiffés Linus, dont les armes,
Dars des tems plus heureux deffendoient
ces climats.

LINUS.

Un ennemi perfide ufurpe fes états.

CLÉONICE.

Nous errons dans ces bois, fans fecours,
fans deffenfe.

L E *FORGERON & le CHŒUR.*

Périffe le tiran! qu'il fouffre mille morts!

LINUS.

J'aime à voir ces nobles tranfports :
Mais mon cœur fur vos foins fonde une autre
efperance.
Le fer, par vos mains apprêté,
Doit former en ces lieux un amas redouté
De glaíves & de dards, tréfor de la ven-
geance.

L E *FORGERON & le CHŒUR.*

Parlés : nos biens, nos cœurs vous font
foûmis.

LINUS.

S'il me refte encor des amis,
Armerés-vous leur main fidele ?

LE *FORGERON & le* CHŒUR.

Non, non, nous ne cederons pas
La gloire de venger une reine si belle :
Et nous voulons tous, sur vos pas,
Vaincre, ou mourir pour elle.

(Le Forgeron *va, à la tête de plu-*
sieurs de ses compagnons, chercher
des armes pour eux, pour Linus &
pour les thébains, aux quels il en fait
distribuer.)

CLÉONICE & LINUS.

Que ce zele a pour moi d'appas !
Armés-vous, volés aux combats ;
C'est la gloire qui vous apelle :
Que le fer vengeur éteincelle,
Qu'il soit le signal du trépas.

CLÉONICE, *prenant une épée des*
mains du Forgeron.

J'armerai de mes mains le héros que j'adore.
Veillés sur lui, dieux, que j'implore !

(à LINUS, en lui préſentant une épée.)

Souffrés qu'une amante en ce jour
Ait quelque part à votre gloire :
Que ce fer, qui bientôt doit fixer la vic-
　　toire,
Soit un préſent du tendre amour.

LINUS, l'épée à la main.

Glaîve ſacré ! rends mon bras invincible ;
Sers ma tendreſſe & ma fureur :
Au tiran ſois auſſi terrible
Que tu deviens cher à mon cœur.

CLÉONICE, LINUS, le FORGERON & les CHŒURS.

Que le fer vengeur éteincelle ;
Qu'il ſoit le ſignal du trépas.
C'eſt la gloire qui nous apelle :
Volons, volons tous aux combats.

(Les thébains & les forgerons ſe forment en corps de troupe ; LINUS ſe met à leur tête, & tous ſe retirent.)

FIN DU QUATRIÈME ACTE.

ACTE CINQUIÈME.

SCÊNE PREMIÈRE.

CLÉONICE, LINUS; Thébains & Forgerons armés.

LINUS.

CEs ennemis, que vos mains ont
vaincus,
A-peine échappés au carnage,
Oſent lever leurs fronts, dans la poudre
abattus ;
C'eſt le dernier effort d'une mourante rage :
Encore une victoire, & le tiran n'eſt plus.

LE *CHŒUR.*

Qu'ils tombent encore
Sous le fer victorïeux :
La dernière aurore
A brillé pour eux :
Renverſons, détruiſons un pouvoir odïeux !

(*On entend un bruit de guerre.*)

LINUS.

Hâtons-nous ; prévenons l'ennemi, qui s'a-
vance.
Entendés-vous ces cris de haîne & de fureur ?
Qu'ils redoublent votre valeur ;
Marchés : voici l'inſtant marqué pour la vengeance.

(*Les troupes s'ébranlent ;* LINUS *ſe met à
leur tête : tout-à-coup le tonnerre gronde,
le théâtre s'obſcurcit ; la terre s'ouvre &
il en ſort des monſtres.*)

CLÉONICE.

LINUS.

Quels preftiges nouveaux?.. la nuit couvre
les airs...

CLÉONICE & LINUS.

Le Soleil s'obfcurcit à la voix du tonnerre.

LE *CHŒUR.*

Quels monftres, vomis des enfers,
De leur fouffle infectent la terre?

LINUS, aux troupes, qui reculent
d'effroi.

Ôfés braver l'enfer ; je vous réponds des
dieux...
Qu'eft devenu ce courage intrépide?
Le ciel laîffe opprimer le cœur foible &
timide,
Et protege l'audacïeux.

LE *CHŒUR.*

C'eft l'enfer qui frappe ;
Nos efforts font vains :
Et le glaîve échappe
De nos foibles mains.

(*Les troupes fe difperfent, en fuyant.*)

H

SCÊNE DEUXIÈME.

CLÉONICE, LINUS.

LINUS.

Tout fuit! Nous n'avons plus de soldats,
    ni d'empire.

CLÉONICE.

Ah! je succombe à ce fatal instant.

LINUS.

Ce fer nous reste encor : &, s'il faut que
    j'expire,
Vous ne verrés Linus tomber qu'en com-
    battant.

CLÉONICE.

Prends pitié de mon sort; que ton cœur
    s'attendrisse
    Aux pleurs, qui coûlent de mes yeux!
N'expôse point la tendre Cléonice
A voir répandre un sang si précïeux.

L I N U S.

Ah! plus le péril eft extrême,
Plus mon amour doit tout ôfer.
En combattant pour ce que j'aime,
Je forcerai le ciel à me favorifer.

C L É O N I C E.

Ta tendreffe m'eleve au-deffus de moi-même.
Le danger m'effrayoit ; je fais le méprifer :
Tu me verras du-moins imiter ton courage.

(Les Furies, armées de leurs flambeaux,
fortent des enfers & enlevent à Linus
les armes qu'il a à la main.)

C L É O N I C E & L I N U S.

Quoi, l'enfer contre nous fignale encor fa
rage !

L I N U S.

O mon pere, o Soleil! des portes de la mort,
Que ma voix s'éleve à ton trône.
Je ne réclâme point ton bras, qui m'aban-
donne ;
Sans murmurer je dois remplir mon fort :

Mais, loin de l'objet que j'adore,
Détourne le malheur qui me suit en tous
     lieux;
Remplis au-moins ces derniers vœux
D'un fils expirant, qui t'implore!

C L É O N I C E.

Arrête! C'eft ce dieu qui parle à mes efprits;
    Oui, je le fens; oui, c'eft lui qui m'éclaire...

    (*On apperçoit un vaiffeau, qui traverfe
    doucement & s'approche du rivage.*)

Vois ce vaiffeau, qui s'offre à nos regards
     furpris;
Il s'approche... le Ciel appaife fa colere!
Que la mer nous dérobe aux deftins enne-
     mis;
    Viens à Délos, aux autels de ton pere:
Il t'éprouve, fans-doute; il doit aimer fon
     fils.

L I N U S.

Un pouvoir inconnu me raffûre & m'attire;
Et l'efpoir, malgré moi, vient encor me
     féduire.

CLÉONICE.

Hâtons-nous de partir ; j'entends déja des
cris.

(Linus & Cléonice montent *sur le vaiffeau : dès qu'ils y font, la mer, qui étoit
tranquille, s'agite foiblement.*)

SCÊNE TROISIÈME.

CLÉONICE, LINUS, *sur le vaiſ-*
ſeau, qui s'éloigne en traverſant le théâtre ;
GÉLANOR, THÉANO, *entrant*
vivement ſur la ſcêne.

GÉLANOR.

QUE vois-je ?... o dieux ! je perds le
 prix de ma victoire.

LINUS.

Tu parles en vainqueur ... lâche ! ôſerois-
  tu croire
 Que ton bras fût victorïeux ?
Tu n'ès point un guerrrier, couronné par la
  gloire ;
Tu n'ès qu'un criminel, dont le crime eſt
  heureux.
     (*Le vaiſſeau diſparoît.*)

SCÊNE QUATRIÈME.

GÉLANOR, THÉANO.

THÉANO.

Perfides! il est tems que mon art vous
confonde.

(La mer s'agite un peu d'avantage.)

Accourés, des pôles du monde
Venés, volés, vents orageux ;
Accours, soulevés les flots impétuëux :
Ouvrés tous les gouffres de l'onde,
Pour engloûtir ces malheureux.
(L'agitation de la mer augmente.)

GÉLANOR & THÉANO.

Redoublés votre affreux ravage,
Fiers aquilons, déchaînés-vous :
Égalés votre rage
Aux fureurs de l'amour jaloux.

(La tempête devient très-forte.)

Ilsvontpérir!..Mais quel nouvel orage?..
L'onde s'élance au-de-là du rivage...

(La mer ſe déborde & innonde le théâtre.)

La mer en fureur nous pourſuit. !...
C'en eſt fait... nous tombons dans l'eter-
nelle nuit.

*(La tempête continue dans la plus grande
force ;* GÉLANOR *&* THÉANO *ſont abîmés
dans les flots.)*

SCÈNE CINQUIÈME & DERNIÈRE.

(Le théâtre change & repréſente le palais où THÉTIS *reçoit le* SOLEIL *lorſque ce dieu deſ-cend dans les mers. Il y paroît ſur un trône ;* THÉTIS *eſt à côté de lui : on voit, dans le fond, ſon char, où les chevaux ſont encore attelés. Les divinités de la mer, mêlées avec les heures & les ſaiſons, environnent le trône.* LINUS *&* CLÉONICE *deſcendent dans une conque, ſoûtenue par des tritons.)*

LE SOLEIL, THÉTIS, DIVINITÉS *de la mer, les* HEURES, *les* SAISONS, CLÉONICE, LINUS.

LE CHŒUR.

BRAVÉS la tempête & l'orage ;
C'eſt Thétis qui conduit vos pas :
Dans le ſein même du nauffrage,
Vous trouvés un ſort plein d'appas.

 L I N U S ;

LE *SOLEIL.*

Mon fils, reconnoiſſés le dieu de la lumière.
C'eſt dans ce palais de Thétis
Que je viens finir ma carrière ;
Et ſon empire m'eſt ſoûmis,
Quand je cede à la Nuit l'empire de la terre.
Mais, avant de vous rendre à la clarté des
cieux,
Je veux de votre himen former ici les nœuds.

CLÉONICE & LINUS.

(*au* SOLEIL.)

Vous m'uniſſés à l'objet que j'adore ;
Dieu puiſſant, quels ſont vos bienfaits !

(*à eux, en ſe regardant.*)

Quel ſort peut avoir plus d'attraits ?
Des jours les plus heureux ce moment eſt
l'aurore.

(*en invoquant l'*AMOUR.)

Viens ; vole, Amour ! &, s'il ſe peut
encore,
Lance ſur nous de nouveaux traits.

LE **SOLEIL.**

Néréides, tritons, qu'une fête éclatante
Confacre cet heureux jour :
Chantés leur flâme conftante,
Et le triomphe de l'Amour.

LE **CHŒUR.**

Qu'une fête éclatante, &c.

(*Le divertiſſement commence.*)

LE **SOLEIL.**

Heures, filles du Tems, miniftres des deftins,
Vous, qui nous annoncés leurs decrèts re-
doutables ;
Vous, qui difpenfés aux humains
Des plaifirs pâffagers, & des peines durables;
A ces tendres amants foyés plus favorables.

Faites-les pâffer, tour-à-tour,
Des plaifirs à la gloire :
Ramenés fans-cèffe à l'Amour
L'heureux inftant de fa victoire.

(*La fête continue.*)

LINUS.

Amour ! tu fignales tes traits,
Par la plus brillante victoire :
Que notre ardeur dure à jamais,
Pour ton trïomphe & pour ta gloire.

(*à* CLÉONICE.)

Au doux plaifir livrons nos cœurs;
Aimons-nous, fans crainte & fans
  peines :
C'eft l'Amour qui donne les fleurs
Dont l'Himen va former nos chaî-
  nes.

(*Un ballet géneral termine la fête & le
  fpectacle.*)

F I N.